ÉLOGE FUNÈBRE

DE

M. LE Mis DE SÉMONVILLE,

GRAND-RÉFÉRENDAIRE HONORAIRE

DE LA CHAMBRE DES PAIRS,

PRONONCÉ

PAR M. LE BARON MOUNIER,

DANS LA SÉANCE DE LA CHAMBRE DES PAIRS DU 7 FÉVRIER 1840.

———

Messieurs,

Vous vous étonneriez, sans doute, si la mémoire d'un homme qui a consacré tant de sollicitude à la Chambre des Pairs, et qui a laissé, dans son sein, tant de sentiments de reconnaissante affection, n'était pas l'objet de l'hommage qu'une pieuse et noble coutume accordait naguère à tous ses membres. Des pertes trop rapprochées ont souvent forcé de s'en abstenir; mais vous n'en avez pas moins continué à encourager ceux qui ont entrepris de rappeler, à votre tribune, d'honorables actions et les services rendus à la Patrie. Cette pensée m'autorise à vous distraire, quelques instants, des pressants devoirs ouverts devant vous; et elle m'a permis d'espérer une attention favorable, lorsque, écoutant plus mon zèle que mes forces, j'ai accepté la tâche imposée par l'amitié.

Le nom de M. de Sémonville n'est point étranger aux grandes scènes de l'histoire que nous contemplons depuis la moitié d'un siècle. Sa jeunesse a pris part aux actes précurseurs de la révolution qui a donné à la société française une forme nouvelle; son âge mûr a été consacré aux affaires publiques dans les temps les plus féconds en enseignements; et sa longue carrière a été close au bruit des cruelles discordes de l'Espagne, du déchirement de l'Empire ottoman, et des convulsions de l'autre hémisphère.

M. de Sémonville naquit dans une de ces familles qui avaient employé leurs richesses à acquérir le droit de se vouer au sacerdoce de la justice. Son père (1) était secrétaire du conseil. Dès l'âge de dix-neuf ans, le collègue, dont nous déplorons la perte, était conseiller au Parlement de Paris, où plusieurs membres de sa famille avaient siégé, aucun avec éclat, tous avec honneur.

On aurait pu croire que M. de Sémonville, doué d'un esprit plein de finesse et de vivacité, sensible aux charmes des lettres et des arts, trouvait peu d'attrait à l'examen de causes arides; mais il était trop fier pour rester obscurément dans les rangs; et quand éclatèrent les dissentiments de la cour et de

______

(1) Le nom patronymique de M. de Sémonville est *Huguet.* Son père était appelé *Huguet de Montaran.*

la magistrature, le jeune conseiller n'était pas moins connu par les travaux du Palais qu'il ne l'était par de spirituelles saillies, et par ces succès de salon, alors d'une si grande importance dans la région la plus élevée de la société. Il avait manqué, jusque-là, une circonstance qui fît jaillir au dehors la pénétration de son coup d'œil, la sagacité de son jugement, la facilité et l'élégance de son langage. Le premier cri des États-généraux s'était fait entendre. Toutes les chambres du Parlement étaient réunies. Dans un discours semé de délicates allusions à la louange des Princes du sang qui siégeaient avec les Pairs du Royaume, M. de Sémonville soutint que les États-généraux avaient été, lors des plus terribles épreuves, le salut de la Monarchie, et que, cette fois encore, c'était d'eux que la France attendait le redressement de ses griefs et la garantie de l'avenir. Ce discours valut à l'orateur, surpris et troublé de son succès, de bruyants applaudissements; il lui valut mieux que cela : les suffrages des hommes indépendants qui jugent par leurs propres lumières, sans céder à l'entraînement de la foule. De ce jour, M. de Sémonville ne pouvait rester renfermé dans l'enceinte du Parlement. Il était jeté à travers les événements dont le cours destructeur allait précipiter les abus et les institutions, dans un commun abîme.

M. de Sémonville n'était pas, cependant, du nombre de ceux qu'excitaient les suggestions de leur position. S'il n'eût écouté que les inspirations de l'intérêt ou la voix de l'esprit de corps, il aurait repoussé les innovations qui menaçaient les avantages résultant pour certains ordres de l'État, pour certaines corporations, de l'antique organisation de la Monarchie; mais son âme était trop élevée, sa raison trop éclairée, pour qu'il n'accueillît pas, avec une confiante ardeur, les nobles idées que, dans une générosité trop tôt méconnue et trop vite oubliée, les classes supérieures de la société professaient à cette époque d'enthousiasme et d'espérance. Notre collègue voulait ce que voulaient les meilleurs citoyens, ce que possèdent, réclament ou désirent, aujourd'hui, toutes les nations civilisées : la garantie de la sûreté et de la propriété, l'égalité devant la loi, la juste répartition des charges, et la surveillance de l'emploi des contributions fournies, par chacun des membres de la société, pour les dépenses nécessaires au bien de tous.

L'impression produite par le discours de M. de Sémonville avait été profonde; son nom était cité de toutes parts. Toutefois il ne fit point partie de cette assemblée, à jamais célèbre, qui, envoyée pour réformer, déchira son mandat, et, dépassant aussitôt le but, donna cours au torrent révolutionnaire qu'en vain elle crut ensuite pouvoir arrêter. Il a lui-même expliqué cette circonstance de sa vie. Membre de l'ordre de la noblesse, « il lui répugnait d'accepter, d'un collége de gentilshommes, le mandat d'agir en leur nom, avec la résolution de sacrifier, à l'intérêt général, des priviléges que la plupart tenaient à si haut prix; et quand les défiances des électeurs du tiers-état auquel il s'était présenté (1), ne lui laissèrent plus l'espoir de paraître comme défenseur et modérateur des prétentions de cet ordre, il se refusa obstinément à l'obligation de soutenir ou de trahir celles qu'il blâmait dans un autre. »

Si les opinions qui ont déterminé la conduite des hommes publics peuvent toujours devenir un sujet de dissentiment et de débat, du moins on ne saurait se diviser lorsqu'il s'agit d'apprécier des scrupules dictés par une pareille délicatesse.

M. de Sémonville était lié avec plusieurs de ceux qui ébranlèrent le vieil édifice de la Monarchie. Leurs talents l'avaient séduit; et la confiance de l'amitié le retint à leur suite; mais dès que quelques-uns d'entre eux, éclairés par les sévères leçons de l'expérience, tentèrent de raffermir les colonnes sociales encore debout, il s'unit à leurs efforts pour soutenir le trône chancelant. Le Roi, distinguant un zèle d'autant plus rare que chaque jour le danger s'accroissait, appela M. de Sémonville à des postes importants de la diplomatie. La disposition conciliante de son caractère, son tact et son habileté d'observation le rendaient particulièrement propre à cette carrière. Après avoir rempli, avec succès, une mission à Gênes, où la cour pontificale recourut à lui dans le dessein d'ouvrir des négociations qui avaient pour objet de prévenir les déchirements de l'Église de France, il fut nommé ambassadeur près du Sultan ; mais au moment qu'il allait s'embarquer, retentit le coup de

---

(1) A Châteauneuf-en-Thimerais.

foudre qui brisa le trône, ou plutôt en dispersa les débris; et la fortune disposa autrement de lui. C'est en Corse qu'elle le poussa. D'anciens amis, encore écoutés dans les conseils du parti vainqueur, saisirent, pour l'arracher à la proscription, le prétexte du besoin d'être éclairés sur les projets des chefs influents de cette île, où de si grandes destinées se préparaient. Un séjour de plusieurs mois permit à M. de Sémonville de nouer d'intimes relations avec l'illustre Paoli, l'une des figures les plus héroïques des temps modernes, et de présager la gloire du jeune officier d'artillerie dont le génie devait étouffer cette effervescence de liberté qu'il partageait alors. Paoli disait à M. de Sémonville : « Vous voyez le fils de mon ancien compagnon d'armes : il y a en lui de quoi faire deux Marius et deux Sylla. »

C'est une singulière combinaison des événements, et notre collègue aimait à la faire remarquer, que son fils adoptif (1), le jeune Montholon, reçut à Ajaccio, des mains destinées à briser et à porter tant de sceptres, les premières leçons des exercices militaires, lui qui a été appelé à recueillir les dernières paroles de Napoléon, sur le roc où les terreurs de l'Europe l'avaient enchaîné !

M. de Sémonville ne craignit pas de revenir affronter les bourreaux qui demandaient sa tête.

---

(1) M. de Sémonville avait épousé Mlle de Rostaing, veuve de M. le Mis de Montholon, et il avait adopté les enfants nés de ce premier mariage.

Un incident inattendu fit son salut. On jugea ses services nécessaires. Il part, et on annonce que c'est pour Constantinople, tandis qu'il se rendait d'abord en Toscane. Le grand-duc avait proposé la plus secrète des négociations. De semblables ouvertures avaient été faites par le Gouvernement de Naples. M. Maret eut ordre d'aller y répondre. Il s'agissait de sauver les déplorables restes de la famille royale. Il y a plus, c'est notre collègue qui l'atteste, Danton, le terrible Danton, pour échapper à l'enfer dont il avait attisé les feux, songeait à se créer un refuge au pied du trône relevé; mais on ne sait par quel fatal enchaînement de circonstances, car on ne saurait admettre la possibilité d'un froid calcul, le Gouvernement autrichien fit saisir les deux ministres chargés de cette sainte mission, et les plongea dans les cachots, rompant ainsi les premiers fils d'une négociation qui aurait pu épargner à la France d'éternels regrets!

M. de Sémonville et M. Maret, jusque-là étrangers l'un à l'autre, furent aussitôt unis par les mêmes sentiments, par les mêmes intentions, comme ils le furent, peu de jours après, par de communes souffrances et de communs dangers. L'amitié, formée sous de pareils auspices, devait résister à toutes les épreuves. Je puis y appliquer les propres expressions de M. de Sémonville, en parlant de l'intimité qui existait entre lui et son collègue au Parlement, M. Ferrand : « Le temps, l'absence, les proscriptions, la différence des fortunes, l'opposition des opinions et de la conduite politique, rien n'a eu la puissance de relâcher, un seul jour, des liens si rares et si respectables ! »

Parmi les intéressantes anecdotes de cette dure captivité que racontait M. de Sémonville, j'en choisirai une qui met particulièrement en évidence le sang-froid qu'il savait conserver, et le tour original qu'il donnait à toutes choses.

Depuis plusieurs mois il était à Mantoue, au secret le plus rigoureux, le plus absolu. Une nuit, les pas d'hommes armés résonnent dans les longs corridors. Les verroux cèdent. Pour la première fois des lumières éclairent ces voûtes glaciales. On ordonne au prisonnier de prendre les vête-ments les plus indispensables, et de suivre ses gardes sans proférer une parole. On lui défend de rien emporter, pas même le gobelet de bois sur lequel il avait gravé, avec le manche d'une cuillère de corne, les noms de sa femme et de ses enfants. Quel est le sort qui lui est destiné? Sera-t-il enseveli dans l'oubli de quelque cachot ignoré? Est-il con-duit à une sanglante expiation? Dans une des cours de la prison, en présence d'un général, entouré de nombreux officiers, un sbire s'agenouille pour lui river au pied une lourde chaîne, qui doit ceindre le corps et lier une des mains. Les aides-de-camp, immobiles, sont attentifs à cette scène, quand M. de Sémonville reconnaît l'homme qui déjà avait été chargé de l'enchaîner, et s'écrie tout à coup : *Come sta la Lamberti, sempre bella?* Le général ne peut contenir son mécontentement. Il éclate en menaces; mais le captif a atteint son but. Sa voix a percé les murs; toute la sévérité de la discipline autrichienne est devenue impuissante. Les jeunes gens de la garnison porteront à Milan l'hommage d'un si rare souvenir à la femme la plus célèbre de la Lombardie par les séductions de son esprit et de sa beauté; et Mme de Sémonville apprendra qu'elle avait encore un époux à qui une ingénieuse sensibilité donnait l'art de calmer ses alarmes !

Ce calcul si soudain se trouva complétement justifié.

Plus de deux ans s'étaient écoulés dans les rigueurs des cachots de Mantoue et de Kuffstein, lorsque, par une de ces étranges vicissitudes qu'amène le cours des révolutions, la fille des rois de France, la petite-fille des Césars fut échangée contre quelques députés qu'un général irrité avait livrés à l'armée ennemie. M. de Sémonville et M. Maret furent, en même temps, rendus à leur pays. Les souffrances qu'ils avaient noblement supportées, leur courage qui ne s'était jamais démenti, inspiraient un intérêt général. Ils furent reçus avec solennité dans une séance du conseil des Cinq-Cents; et une loi déclara que, par leur constance et leur fermeté, ils avaient honoré le caractère français.

Cependant le Directoire luttait péniblement contre les ambitions qui trouvent, dans les institutions républicaines, une arène si favorable. De toutes parts on sentait que la nation appelait un bras assez vigoureux pour relever le pouvoir, sans lequel les forces d'un grand peuple s'épuisent dans l'anarchie. Lorsque les républiques sont arrivées à ce période, il se trouve toujours une épée pour trancher la trame de leur existence, et l'instinct de la sécurité dispose chacun à invoquer la protection du vainqueur, quelque chèrement payée qu'elle doive l'être. Le général Joubert, qui venait d'épouser la fille de M. de Sémonville, fut sollicité d'arracher le Gouvernement à des mains faibles et inhabiles. On parlait encore de la république : c'était la république qu'une autorité plus forte devait préserver d'une ruine imminente; mais plusieurs des hommes qui dirigeaient le jeune général croyait que le moment approchait de rétablir le pouvoir monarchique, dont l'absence était si funeste à la France. Joubert pensa que son nom n'avait pas assez d'éclat pour de telles entreprises. Il lui fallait plus de gloire. C'était en Italie que les palmes les plus brillantes avaient été cueillies, et c'était là aussi que le drapeau tricolore avait cessé de fixer la victoire. Joubert prend le commandement de l'armée, refoulée de l'Adige au pied des Alpes, la ramène au combat, et tombe frappé au premier rang! La Providence réservait à un guerrier plus heureux de dompter l'anarchie, et de raffermir, par la justice et par la religion, l'ordre social si profondément ébranlé! Il paraît, il annonce ses desseins, et la France vole au-devant de lui.

Le premier Consul appelait à servir l'État tous les hommes éprouvés. Trois semaines après qu'il eut saisi le gouvernail, il fit choix de M. de Sémonville pour resserrer l'alliance qui existait entre la France et la Hollande. Le rôle de l'ambassadeur de France à La Haye était difficile. Les Bataves, fiers d'une liberté dont ils avaient su user, supportaient impatiemment le joug. Les troupes françaises occupaient les villes et les ports de la république qui voyait s'éteindre le commerce, source de sa prospérité, ou plutôt de son existence. Ce n'était qu'à force d'adresse et de ménagements que l'ambassadeur parvenait à diriger des alliés inquiets et défiants ; mais tel était l'attrait de sa modération et de son aménité, tels étaient les services rendus au pays où il faisait parler la France, que dix années plus tard, à l'aspect de nouveaux orages, les premières familles de la Hollande se disputaient l'honneur d'accueillir l'homme qu'elles supposaient venir chercher un asile chez un peuple reconnaissant.

L'ambassadeur avait une autre tâche bien douce à remplir. Secondant la politique de celui qui se qualifiait de *vivante amnistie*, dans ce que cette politique avait de plus généreux, il tendait la main aux exilés, et leur rouvrait la route de la terre natale. « Sémonville avait toujours une bourse et un « passe-port au service des proscrits, » disait au Roi Louis XVIII le chancelier Dambray. Ce qu'il donna était immense pour sa fortune. Il n'en est resté de traces que dans la mémoire de ceux qui ont reçu ; on pourrait ajouter dans celle de Napoléon. Des lettres de change arrivaient d'Amsterdam à l'adresse de M. de Sémonville ; on dit à l'Empereur qu'il transportait des fonds de Hollande en France, il montra les mandats dénoncés : c'était lui qui devait les acquitter.

Toutefois, malgré la considération qui l'entourait, malgré la satisfaction d'alléger tant de douleurs, M. de Sémonville désirait vivement retrouver la société spirituelle et animée de Paris, dont son urbanité et la délicatesse de son esprit lui permettaient si bien de goûter les charmes. Une magnifique retraite s'ouvrait alors devant les hommes qui servaient leur pays. Le collége électoral du département des Ardennes avait présenté l'ambassadeur de France à La Haye comme candidat au Sénat. L'Empereur l'y nomma au commencement de cette année qui vit une guerre de trois mois suffire pour réduire l'Autriche, soutenue de la Russie, à implorer la générosité du vainqueur.

A plusieurs reprises, le comte de Sémonville (1) refusa de sortir de son repos, quoiqu'il fût pressé d'accepter la direction d'une branche importante du Gouvernement. Il disait que « s'il se mêlait des affaires publiques, ce n'était, en quelque sorte, qu'en qualité d'amateur, afin d'avoir le droit de s'entretenir des secrets de l'art avec les principaux acteurs, et de juger la manière dont ils s'acquittaient de leurs rôles. »

Un seul fait peindra suffisamment la position du sénateur, que d'illustres amitiés initiaient aux plus grands intérêts de l'État; et comme ce fait jette une vive lumière sur le tableau de l'Europe à cette époque mémorable, il n'est pas indigne de l'histoire.

---

(1) M. de Sémonville reçut en 1808 le titre de comte, et en 1817 celui de marquis.

La cour la plus éclatante de gloire, la plus éblouissante de luxe et de splendeur, était réunie au théâtre des Tuileries. Napoléon s'assied le front soucieux : la main de la sœur du puissant empereur du Nord lui était refusée : personne, dans la salle, n'en était informé. M. de Sémonville se penchant vers un des membres de l'ambassade d'Autriche, lui dit à voix basse : « La Russie a laissé tomber les « cartes; la partie est à vous, si vous les relevez. « — Nous ne demandons pas mieux, et nous y « sommes prêts, » répond l'étranger. Le lendemain, tout était convenu pour ce mariage, qui aurait encore plus étonné le monde, s'il n'en était pas de la faculté de s'étonner, comme de toutes les autres facultés de l'homme : elle s'énerve par une application trop répétée !

Mais les temps se précipitaient. L'Empire s'éloignait, de plus en plus, de cette Monarchie conservatrice d'une heureuse liberté que la France avait désirée; et les institutions constitutionnelles cédaient rapidement à l'autocratie que rien n'arrête et rien n'avertit. M. de Sémonville avait trop de sagacité et trop d'expérience, pour ne pas apercevoir, à travers le voile des prospérités présentes, les vicissitudes que recélait l'avenir; et il se disait que l'épée qui frappe sans relâche, finissant par se briser, le bras le plus vigoureux se trouverait un jour désarmé.

Il est bien digne de méditation que Napoléon lui-même, tout en établissant l'hérédité de son empire, ne se faisait point illusion sur les destinées qui l'attendaient. M. de Sémonville avait gardé profondément gravé dans sa mémoire un de ses entretiens avec celui qui allait ceindre le diadème. « Savez-vous, » c'est Napoléon qui parle , « savez-vous que je prépare la voie la plus courte aux Bourbons? Le jour de ma mort ils surgiront de toutes parts. Votre caractère modéré est plus propre à leur Gouvernement qu'au mien. Vous avez conservé vos idées de liberté : ils ne peuvent régner qu'avec elles. Moi, je ne puis régner que par la gloire! »

Aussi, M. de Sémonville eut-il moins à s'étonner que beaucoup d'autres, quand l'Empire s'écroula sous le poids des peuples conjurés. Il se trouvait dans sa sénatorerie de Bourges. Par les seules ressources de son intelligence et de son activité, sans troupes, sans argent, il avait su maintenir la tranquillité, dans cette contrée où le Gouvernement, aux abois, avait entassé les condamnés et 45,000 prisonniers de guerre. La ville de Bourges apprécia l'étendue des périls dont elle avait été préservée, et le corps municipal voulut que le portrait de M. de Sémonville fût placé dans la salle de l'hôtel de Jacques Cœur , que la reconnaissance a consacré aux hommes qui ont mérité la couronne civique. Un pareil témoignage de bienveillance ne pouvait se refuser ; mais la modestie de notre collègue différa indéfiniment de s'y soumettre.

Les devoirs de M. de Sémonville envers l'Empereur étaient accomplis. A peine était-il rentré dans l'assemblée dont une délibération venait de ratifier le changement de la face du monde, qu'un mouvement d'indignation lui fit rompre son long silence. L'empereur Alexandre avait demandé que la mémoire du général Moreau fût réhabilitée. La lettre du Monarque allait être lue. « On ne lira point, moi vivant, » s'écrie M. de Sémonville, « on ne lira point , moi vivant , la lettre d'un souverain étranger, sans l'ordre exprès du Roi. Le Roi n'a pas encore touché le sol français. Il n'a reçu ni nos serments, ni nos hommages , et quand les troupes, naguère ennemies , sont maîtresses de la Capitale, vous allez commencer vos délibérations comme la Pologne a fini les siennes. C'est à l'histoire à juger le général Moreau. Sa vie fut celle d'un grand capitaine ; il est mort dans les rangs ennemis ! Je demande l'ordre du jour , l'ordre du jour sans autre discussion. »

L'assemblée s'associa d'une voix unanime à des sentiments si noblement exprimés.

M. Ferrand devait faire partie de la commission qui prépara le projet de la Charte ; mais il déclina cet honneur, et pria le Roi de substituer à son nom celui de son ancien ami. Ce fut la même amitié qui indiqua M. de Sémonville pour remplir les importantes fonctions de Grand-Référendaire. Une pareille marque de la faveur du Souverain suscita bien des envieux. On affectait de voir avec étonnement le choix du Roi. Les motifs qui l'avaient dicté n'étaient pourtant pas difficiles à saisir. Le Roi avait voulu, s'il est permis d'emprunter l'expression du préambule de la Charte, *renouer*, dans la Chambre des Pairs, *la chaîne des temps*. M. de Sémonville tenait par ses premières liaisons, par ses premiers succès, à l'ancienne Monarchie. Il tenait, par les vicissitudes de sa vie politique, à la nouvelle société sortie de si profondes commotions.

Qui n'a été frappé de la difficulté de rapprocher et de fondre, en un seul corps, les premiers éléments qui composèrent cette Chambre? Des drapeaux ennemis avaient été suivis. La guerre, la guerre civile et ses horreurs, avaient séparé beaucoup de ceux qui se retrouvaient sur les mêmes bancs. Les préjugés de la jeunesse, les impressions de la vieillesse, tout conspirait à entretenir l'éloignement. Il fallait persuader aux héritiers d'un nom antique, d'approuver que leurs honneurs et leurs rangs fussent partagés par ces hommes nouveaux qui, selon l'énergique image d'un vieux guerrier, seraient à leur tour des ancêtres. Il fallait concilier l'orgueil de l'illustration reçue avec la fierté de l'illustration conquise. L'action continue du Grand-Référendaire devait tendre à dissiper les défiances, et les préventions nées des malheurs des temps. C'était au Grand-Référendaire à prendre, en quelque sorte, par la main, d'anciens adversaires qui se réunissaient sur un terrain commun, celui de l'honneur et de l'amour de la Patrie. Vous savez, Messieurs, si notre collègue a été fidèle à cette noble mission. Toutes ces pensées n'y étaient-elles pas consacrées; et qui méconnaîtrait que son ingénieuse sollicitude n'ait puissamment contribué au rapprochement des esprits, et à l'union des sentiments sans lesquels la Chambre des Pairs n'aurait eu ni force ni consistance, de même qu'à l'urbanité qui, dans cette enceinte, a toujours présidé aux discussions les plus animées ?

M. de Sémonville n'était pas moins jaloux de la dignité de la Chambre. Convaincu que la dignité est une des conditions de l'autorité morale indispensable au corps politique qui veut remplir pleinement son rôle dans la constitution de l'État, il veillait sans cesse pour repousser tout ce qui aurait pu porter la moindre atteinte au dépôt qu'il regardait comme confié à sa vigilance.

Les intérêts privés de ses collègues préoccupaient aussi vivement le Grand-Référendaire : il cherchait à deviner ce qui leur serait utile et prévenait leurs désirs. Dans toutes les circonstances, il faisait pour eux ce qu'eût fait un ami fidèle. Chacun des Pairs, en le trouvant toujours prêt à l'écouter, toujours prêt à agir, pouvait se persuader que sa famille était l'objet d'une prédilection particulière.

Heureuse situation que celle de l'homme qui, après avoir traversé des fortunes si diverses, voyait réaliser les plus chères espérances de sa jeunesse, et triompher les leçons de son expérience !

Ses soins assidus contribuaient à l'union et à la dignité de l'un des grands corps de l'État. L'affection de ses collègues en était la juste récompense, tandis que les personnes employées sous sa direction, reconnaissantes de sa protection paternelle, formaient comme une seconde famille qui l'entourait de son dévouement.

M. de Sémonville ne cherchait point à la tribune les succès si flatteurs que les essais de son talent promettaient. Toutefois, s'il n'intervenait pas

2

dans les débats publics, il n'en était pas moins disposé à discuter avec ceux qui consultaient sa vieille expérience. Observateur vigilant, il ne cessait d'avertir les Ministres des fausses voies où ils lui semblaient s'engager. Souvent le Grand-Référendaire persévérait dans ses avertissements au point d'être taxé de censeur incommode. Il apercevait les dangers de l'avenir ; et, par une prévention, remarquée de tout temps, ce que dictait la sollicitude de l'intérêt était attribué à l'espérance ; mais le cours des événements allait bientôt justifier ses tristes prévisions et mettre, dans tout leur jour, la vérité de ses sentiments.

De coupables conseils profitèrent de l'effroi qu'avaient fait naître d'incessantes attaques contre la Couronne. La loi fondamentale, sur laquelle reposait la Monarchie, fut atteinte avec une folle imprudence. Les esprits s'émurent, les passions s'enflammèrent, et de déplorables combats ensanglantèrent la Capitale. On eût dit que l'autorité protectrice avait cessé d'exister. Les hommes que l'éminence de leurs fonctions appelaient à défendre la société, semblaient désespérer, et l'abandonner aux hasards des destinées. Ce découragement n'atteignit pas M. de Sémonville. Ni l'âge qui entravait ses forces, ni l'isolement dans lequel il avait compté les coups de canon, retentissant au sein de la vaste cité, ne purent l'arrêter. Accompagné d'un collègue (le comte d'Argout) qui avait voulu partager avec lui les dangers et l'honneur, et qui les partagea jusqu'au bout, il franchit les barricades, au sifflement des balles, et pénètre

aux Tuileries où les ministres s'étaient réunis (1).
Animé par la grandeur de l'objet qu'il se propose,
fort de la conviction du devoir qu'il remplit,
M. de Sémonville les conjure, les supplie, les
somme de quitter un pouvoir dont ils ont abusé.
Son insistance échoue devant une obstination qui
se croit de la fermeté. Il ne reste plus qu'une der-
nière espérance. M. de Sémonville vole à Saint-
Cloud : il arrive jusqu'au Roi, lui présente l'état
fidèle de Paris et lui montre l'abîme vers lequel le
trône est poussé. Ses efforts sont inutiles ; ses douloureux récits sont traités de chimériques visions,
ses sinistres prophéties d'alarmes insensées. Ses
supplications sont repoussées ; mais rien ne le re-
bute, rien ne le décourage. Ses paroles se pressent,
et la sainteté du but élève son éloquence. Il s'a-
gissait de préserver la France de nouvelles révolutions où la liberté pouvait périr, l'Europe des
chances d'une nouvelle conflagration où disparaî-
trait cette prospérité, fruit de la paix, dont l'humanité avait si longtemps déploré l'absence. Il
s'agissait d'appeler à la loyauté d'un Roi des funes-
tes conseils qui l'égaraient ; il s'agissait de sauver
sa vieillesse des malheurs qui avaient accablé ses
jeunes années ; mais le Roi veut terminer ce pé-
nible entretien : il indique d'un geste qu'il est
temps de le rompre. M. de Sémonville, déjà sur le
seuil, s'abandonne à sa douleur. Il déroule le tableau de toutes les calamités qui fondront sur la
nation, de tous les malheurs qui peuvent frapper

______

(1) Le jeudi, 29 juillet, à six heures du matin.

cette Princesse, qu'on croyait avoir épuisé les rigueurs de la destinée. Le Roi s'émeut, s'attendrit,
il relève le serviteur courageux et fidèle qui em-
brassait ses genoux. Vaincu, sinon persuadé, il
reconnaît la nécessité de révoquer les ordonnan-
ces fatales, et de remettre le ministère aux hommes
désignés par la confiance publique.

Mais on suscite des retards alors que chaque
minute peut renfermer le sort de la France, et de
longues heures d'angoisse s'écoulent avant que
M de Sémonville puisse quitter Saint-Cloud. Enfin
il surmonte tous les obstacles, rentre à Paris, à
travers les périls, paraît tout à coup à l'Hôtel-de-
Ville, au milieu du frémissement de tant de passions exaltées par un combat triomphant, et ra-
nime ses forces épuisées dans les émotions et les
fatigues d'une telle journée, pour s'écrier : Plus de
sang, plus de guerre, la paix et l'union !

Le Grand-Référendaire avait payé, d'un généreux
dévouement, sa dette envers le Monarque ; il lui
restait des devoirs envers la Patrie. Un nouveau
trône s'élevait ; ce trône avait à préserver la France
de l'anarchie, et l'Europe, de la discorde et de la
guerre. M. de Sémonville fut du nombre de ceux
qui pensèrent que, dans ces temps périlleux, la
Chambre des Pairs avait encore une haute mission
à remplir. Elle était appelée à défendre la Monarchie, et à protéger la nation contre l'invasion des
doctrines qui entouraient la Couronne d'institutions républicaines.

Bientôt se présenta à notre collègue une occasion
éclatante de donner de nouvelles preuves de ce cou-

rage civil qui semble, parfois, presque aussi rare en France que la bravoure militaire y est commune. Les Ministres, dont la main funeste avait déchaîné les tempêtes, étaient traduits devant la Chambre des Pairs. L'irritation publique était au comble. Un peuple égaré se pressait autour de cette salle, et ses menaces croyaient commander l'arrêt de la justice. La sécurité des juges, ainsi que la sûreté des accusés, exigeaient les soins les plus vigilants. Pendant plusieurs jours et plusieurs nuits, M. de Sémonville ne s'abandonna pas une heure au repos ; et son sang-froid ne se démentit pas un seul instant. On eût dit que le sentiment des devoirs qui pesaient sur lui avait rappelé la vigueur de sa jeunesse.

D'autres épreuves étaient réservées à la Chambre des Pairs. Elle eut à juger de grands attentats préparés dans un vaste complot. Jamais peut-être un pareil nombre d'accusés n'avait paru en même temps devant un tribunal, observateur religieux des lois et des formes de la justice. Il fallait que, comme quatre années auparavant, une vigilance toujours active régnât au Luxembourg. M. de Sémonville craignit, cette fois, que ses forces, affaiblies par l'âge, ne répondissent pas à son zèle. Il répétait que l'homme sensé devait redouter, avant tout, de conserver un fardeau que la vieillesse rendrait trop pesant ; et, satisfait de le voir confier à des mains fermes et habiles, il déposa des fonctions qui lui étaient bien chères, puisqu'elles resserraient les liens qui l'unissaient à ses collègues.

Rendu à la liberté, **M.** de Sémonville passait la plus grande partie de ses loisirs dans la retraite qu'il s'était préparée au milieu des jardins de ce palais, monument de la magnificence et de la gloire de Louis XIV, aujourd'hui si noblement consacré à toutes les gloires de la France. Là, comme Atticus, auquel on l'a souvent et justement comparé, entouré d'une famille dont il était l'âme, et de nombreux amis dont il était le lien, l'aimable vieillard ne sentait point le poids des heures ; elles fuyaient légèrement. Il se plaisait à les occuper, en rappelant des circonstances, peu connues, des mémorables événements dont il avait été quelquefois acteur et toujours spectateur attentif. Les scènes du grand drame de la vie des nations continuaient à fixer ses regards exercés. Bien différent de ces hommes chagrins qui, sous l'empire des souvenirs de leur jeunesse, blâment tout ce qui apparaît, et regardent en haine ou en mépris tout perfectionnement, toute découverte nouvelle, il jouissait des progrès de la civilisation et des bienfaits qu'elle répand sur l'humanité. Si, parfois, les doctrines antisociales, sorties d'une absurde ignorance ou d'une folle cupidité, venaient le contrister, c'est avec bonheur qu'il contemplait l'extinction de l'esclavage, la disparition des persécutions religieuses et l'abolition des tortures qui, pendant tant de siècles, ont souillé les pages de tous les codes de l'Europe.

M. de Sémonville terminait un écrit inspiré par le désir de défendre le Parlement de Paris contre des inculpations qu'il croyait mal fondées, et de tracer les portraits d'hommes dont la vertu avait honoré les derniers temps de l'ancienne magistrature française. On écoutait avec un vif intérêt des souvenirs si fidèles, présentés dans le style le plus élégant. Ses amis le pressaient de pousser plus loin ces récits attachants; mais le terme fatal était proche. Tout à coup il est frappé par un accident aussi funeste qu'imprévu. Un vertige le précipite du haut d'un escalier, et il est rapporté sans vie au milieu de sa famille qui attendait son retour !

Vous avez été témoins, Messieurs, de l'affluence qui se pressait sous les voûtes du temple pour rendre à M. de Sémonville un dernier hommage. Des hommes de tous les rangs, de tous les âges, de toutes les opinions s'avançaient, en retenant à grand' peine leurs larmes. C'est qu'il n'avait été donné à personne de rendre plus de services, de soulager plus d'infortunes. Tous ceux qui ont vécu dans son intimité savent qu'il souffrait du malheur d'autrui, et l'ont vu sans cesse occupé de rechercher les moyens de l'adoucir. On peut dire que son esprit était aux ordres de son cœur, dont jamais ni les rigueurs, ni les faveurs de la fortune n'avaient altéré les mouvements.

Dans les temps de révolutions, il est un reproche qui s'adresse à la plupart des hommes publics, dès qu'on envisage leur conduite, indépendamment des circonstances et des motifs qui les ont dirigés : on les accuse de passer trop facilement d'un gouvernement à un autre. Quelqu'un, en présence d'une femme illustre, faisait ce reproche à M. de Sémonville : « Du moins, répondit-elle, lorsqu'il passe dans le camp du vainqueur, c'est pour relever les blessés du parti vaincu ! »

Sa générosité était aussi prompte que franche et pure ; mais il ne se bornait pas à donner : il voulait que ses dons fussent profitables. Ses conseils, sa surveillance en dirigeaient l'emploi. Que de familles sauvées de la misère, que d'hommes qui lui ont dû leur éducation et leur carrière, pourraient en témoigner ! Un jeune avocat débutait au barreau de Paris ; M. de Sémonville distingue son talent, et l'engage à se destiner à la magistrature. Il oppose le manque de fortune : « Qu'à cela ne tienne. Dites-vous : j'ai là Sémonville, un ancien ami de mon père, qui a toujours cent louis à ma disposition. Vous me les rendrez, à moi ou à mes enfants, quand vous serez riche. » Le jeune avocat, devenu un de nos brillants orateurs(1), a noblement révélé l'offre généreuse que couvrait un mensonge si délicat.

Mais je ne crains pas d'abuser de votre attention, en vous présentant deux autres faits, où vous reconnaîtrez ce besoin de soulager qui s'appliquait avec la même chaleur aux simples individus, qu'à l'humanité entière.

Un hiver rigoureux augmentait le nombre des indigents, et rendait les privations plus pénibles. M. de Sémonville rencontre un des dispensateurs de la charité publique, dans le quartier qui entoure le Luxembourg. « Vous êtes dans un moment

––––––––––

(1) M. Chaix-d'Est-Ange, membre de la Chambre des Députés.

bien fâcheux, lui dit–il, il serait douloureux que vous fussiez obligé de refuser des secours nécessaires. Quand vos fonds seront épuisés, disposez des miens, j'acquitterai vos bons. Vous pouvez aller jusqu'à 10,000 fr. et plus loin s'il le faut. » Trois ans après, le fléau, évoqué du fond de l'Asie, vint consterner la Capitale. M. de Sémonville ouvrit, avec le même empressement, un pareil crédit au même administrateur, n'y mettant, ainsi que la première fois, d'autre condition que celle de taire son nom.

La condition a été fidèlement observée tant que M. de Sémonville a vécu.

Dans le cours d'expériences sur les modifications de l'atmosphère, un physicien (1) avait eu l'idée d'appliquer la compression et la raréfaction de l'air au traitement de certaines maladies. Des succès remarquables avaient été signalés ; mais il convenait de renouveler les essais, à Paris, sous les yeux des maîtres de la science. On s'adressa à différents Ministres : ce fut en vain. Tous exprimèrent un stérile intérêt, renfermés qu'ils se trouvaient dans les limites des crédits du budget, apparemment plus infranchissables aux petites qu'aux grandes dépenses. M. de Sémonville entend déplorer l'impossibilité d'établir l'appareil salutaire. « Quelle est la somme demandée ? 12,000 fr. — » « Je me reprocherais à jamais, reprit-il, que, faute de 12,000 fr., on eût laissé échapper une occasion d'augmenter les moyens de soulager les

---

(1) M. Tabarié.

souffrances qui affligent l'humanité. Les voilà ; faites et réussissez. »

M. de Sémonville a voulu être inhumé à Frémigny ; c'est là que reposaient deux filles (1) dont la perte prématurée avait été pour lui la source d'intarissables regrets. Tous les ans il allait visiter la place qu'il s'était marquée entre leurs tombes. Nous lisons dans un écrit où sont tracées ses dernières pensées : « A l'heure suprême qui nous révèle l'immensité de la création, ce sera vers la France, vers la Chambre des Pairs, vers les objets de ma tendresse que se tourneront mes vœux. Je les ai trop aimés pour que, plein de confiance dans les paroles divines, je n'espère pas qu'il me sera beaucoup pardonné ! »

____

(1) L'aînée des D^{lles} de Montholon Sémonville avait épousé le général de Sparre ; la seconde, veuve du général Joubert, avait épousé le général Macdonald.

DE L'IMPRIMERIE DE CRAPELET,

IMPRIMEUR DE LA CHAMBRE DES PAIRS,

RUE DE VAUGIRARD, N° 9.